Phil Bosmans

Sonnenstrahlen des Glücks

Mit Farbfotografien von Werner Richner

Herder Freiburg · Basel · Wien

Heute ist der Tag, um glücklich zu sein!
Kein anderer Tag ist dir gegeben
als der Tag von heute, um zu leben,
um zufrieden und fröhlich zu sein.
Gestern: schon vorbei.
Morgen: kommt erst noch.
Heute: der einzige Tag,
den du in der Hand hast.
Mach daraus deinen besten Tag.
Wenn du heute nicht lebst,
hast du den Tag verloren.
Verdüstere deinen Geist nicht
mit den Ängsten und Sorgen von morgen.
Beschwere dein Herz nicht
mit dem ganzen Elend von gestern.
Du lebst nur einen Tag: heute!

Wenn du heute nicht glücklich sein kannst,
erwarte nicht, daß morgen ein Wunder geschieht.
Um wirklich zu leben, mußt du heute leben.
Heute mußt du glücklich sein.

Nimm dir Zeit, um glücklich zu sein.
Du bist ein Wunder, das es gibt,
das lebt, das auf dieser Erde einmalig ist,
einzigartig, nicht zu verwechseln.
Warum staunst du nicht,
warum freust du dich nicht über dich selbst
und über alle anderen um dich herum?
Ist es dir so selbstverständlich,
daß du lebst, daß du Zeit bekommst,
Zeit, um zu singen und zu tanzen,
Zeit, um glücklich zu sein?

Ein Stückchen Leben ist in deine Hände gelegt: dein Leben, dein kleines, kurzes Leben, jeden Tag aufs neue dir in die Hände gelegt. Lebst du diesen Tag gern? Hast du Lust, ihn zu beginnen? Oder fühlst du eine bleierne Last auf dir? Kein Mensch kann das ändern außer dir. Denn es gibt keinen auf der Welt, der diesen Tag an deiner Stelle leben kann. Nimm jeden Tag als eine Gabe an. Vergiß nicht: Jeder Tag wird dir gereicht wie eine Ewigkeit, um glücklich zu sein.

Jeden Tag neu leben!
Neu bist du, wenn du staunst,
weil jeden Morgen Licht da ist;
wenn du glücklich bist,
weil deine Augen sehen, deine Hände fühlen,
weil dein Herz schlägt.
Neu bist du, wenn du weißt, daß du lebst.
Neu bist du, wenn du mit reinem Blick
auf Menschen und Dinge schaust,
wenn du dich freuen kannst
über die Blumen am Weg deines Lebens.
Wer nichts mehr bewundern kann,
erlebt niemals ein Wunder.

Nimm an, was dieser Tag dir gibt:
das Licht dieses Tages,
die Luft und das Leben,
das Lachen dieses Tages,
das Weinen und das Spielen,
das Wunder dieses Tages.

Ich suchte nach dem tiefsten Grund für das Glück des Menschen. Der Grund liegt nicht im Geld, nicht im Besitz, nicht in Arbeit, nicht in Vergnügen, nicht im Geschäft, nicht im Erfolg, nicht im Nichtstun. Bei glücklichen Menschen fand ich immer eine tiefe Geborgenheit, spontane Freude an den kleinen Dingen und eine große Einfachheit. Glücklichen Menschen fehlt die Gier. Niemals fand ich bei glücklichen Menschen, daß sie ruhelos, gehetzt, getrieben waren, niemals den Hang zur Selbstherrlichkeit. Gewöhnlich besaßen sie viel Humor.

Ich habe viele Menschen getroffen, jeder anders, alle verschieden. Keiner war dabei mit dem großen Los, dem makellosen, dem vollkommenen Glück. Irgend etwas hatten alle, ein Mißgeschick, eine Last, eine Wunde. Gläubige Menschen nennen es Kreuz, andere sagen dazu: Ich habe kein Glück. Manche waren dabei, die bei allem Leid doch glückliche, fröhliche Menschen blieben. Andere ließen sich fallen, wenn es schwierig wurde, wenn es schiefging. Deprimiert resignierten sie. Oft hatten sie genau das gleiche durchgemacht; heraus kam etwas ganz Verschiedenes.

Glückliche Menschen:
sind dankbar für jede Gabe;
bringen Sonne ins Haus;
tragen in ihrem Herzen ein Paradies,
in dem sie alle willkommen heißen.

Glückliche Menschen:
bleiben einander liebevoll zugewandt;
gewähren einander den Lebensraum,
daß jeder so sein kann, wie er ist
mit seinem Lebensrhythmus.

Glückliche Menschen:
brauchen zum Glück nicht viel;
verlieben sich nicht in ihre Probleme;
tun selbst etwas und erwarten nicht
immer alles von den anderen.

Glückliche Menschen:
leben zufrieden und verbreiten Frieden;
sehen das Gute an den anderen;
bringen Licht, wo es dunkel ist;
sind niemals gefährliche Menschen.

Glück ist unbezahlbar.
Viele Menschen machen sich unglücklich,
weil sie meinen, Glück könne man kaufen.
Wenn die Menschen das Glück suchen,
suchen sie meistens das Geld.
Sie denken, Geld sei Glück.
Später erfahren sie das Gegenteil,
aber dann ist es meistens zu spät.

Glück kann man nicht aufs Konto überweisen.
Glück kann man nicht auf dem Fließband herstellen.
Glück kann man nicht im Laboratorium produzieren.
Glück kann man nicht durch Knopfdruck herbeizaubern.

Mit Geld kannst du dir ein schönes Haus kaufen,
aber keine Wärme und Geselligkeit.
Mit Geld kannst du dir ein weiches Bett kaufen,
aber keinen Schlaf.
Mit Geld kannst du Beziehungen kaufen,
aber keine Freundschaft.
Mit Geld öffnet sich dir jede Tür,
nur nicht die Tür zum Herzen.

Um glücklich zu sein,
ist es nicht wichtig, mehr zu besitzen,
sondern weniger zu begehren.
Viele machen es gerade umgekehrt.
Mit dem, was sie haben, sind sie unzufrieden.
Deshalb kaufen sie Sachen,
die sie gar nicht brauchen.
Mach da nicht mit!
Du hast nur etwas Überflüssiges mehr,
und früher oder später merkst du,
daß dich alle diese Sachen
doch nicht glücklicher machen.
Reich und glücklich bist du nicht,
wenn du viel besitzt,
sondern wenn du viel entbehren kannst.

Glück kannst du nicht kaufen,
Liebe gibt es nur umsonst.
Mehr als Geld brauchen wir Liebe,
Liebe ist die Kaufkraft des Glücks.

Suche das Glück in Geld und Besitz,
und du wirst es niemals finden.
Suche das Geld, und du wirst reich
und vielleicht korrupt. Suche immer dich,
und du wirst voll von deinem Ich
und vielleicht ganz aufgeblasen.
Suche das Glück, wie es dir angeboten wird
in Inseraten, Plakaten, Supermärkten, Werbespots.
Tausend Träume werden dir verkauft von einer Welt,
die dir tausendfaches Glück verspricht.
Und tausendfach wirst du betrogen.

Wenn wir glücklich sein wollen,
müssen wir einen Preis dafür zahlen.
Der Preis für unser Glück: daß wir uns selbst geben.
Das Glück ist wie ein Schatten:
Es folgt dir, wenn du nicht daran denkst,
als Schatten deiner Liebe.
Das Glück ist wie ein Echo im Grunde deines Herzens:
Es antwortet dir auf die Gabe von dir selbst.

Warum siehst du immer
auf die andere Seite?
Warum denkst du immer, daß die anderen
viel mehr Glück haben?
Du sagst so leicht:
Anderen geht es viel besser.

Das andere Ufer ist immer schöner.
Es liegt weiter weg,
und du starrst wie versteinert
nach dem schönen Schein.
Hast du je daran gedacht,
daß auch die am anderen Ufer
auf dich schauen und denken,
du hättest viel mehr Glück.
Denn auch sie sehen nur
deine Schokoladenseite.
Deine kleinen und großen Sorgen,
die kennen sie nicht.
Dein Glück liegt nicht am anderen Ufer.
Dein Glück liegt in dir.

Viele sind unglücklich,
weil sie meinen, Glück könne man kaufen.
Aber Glück kann man nicht kaufen.
Zum Glück!

Die wesentlichen Dinge des Lebens
sind umsonst.
Sie werden uns gratis gegeben:
Der Schoß der Mutter.
Das Lachen eines Kindes.
Die Sonne und die Freundschaft.
Das Licht des Frühlings.
Das Lied eines Vogels.
Das Plätschern des Baches.
Der Saft in den Bäumen.
Die Wogen des Meeres.
Der Tag und die Nacht.
Die Ruhe und die Stille.
Der siebte Tag.
Das Leben und das Sterben.
Das Menschsein auf Erden.

Es gibt einen Menschen, den du näher kennenlernen mußt. Auch wenn du niemals ganz herausbekommst, warum er dies tut und jenes nicht, warum er einmal so fühlt und ein andermal anders. Es ist der Mensch, mit dem du täglich leben mußt. Dieser Mensch sitzt in deiner eigenen Haut. Dieser Mensch bist du selbst.

Um glücklich zu sein, ist es von größter Bedeutung, daß du dich wohl fühlst in deiner eigenen Haut. Um glücklich zu sein, mußt du frei werden, auch frei von Ichbezogenheit, von krankhafter Empfindlichkeit, von Ungeduld und Gier. Der beste Lehrmeister dabei ist das gewöhnliche tägliche Leben. Die langen eintönigen Stunden, stets dieselbe ermüdende Arbeit, die Mißverständnisse und Enttäuschungen, die Krankheiten und Kränkungen, die unerfüllten Wünsche und die unvermeidlichen Reibungen. All das wird dich wie einen Diamanten schleifen. Wenn du nur ja sagen kannst. Es tut weh, ich weiß es. Aber es gibt keinen anderen Weg zum wahren Glück.

Man möchte einen schönen Tag,
eine glückliche Stunde festhalten,
aber man verliert, man muß abgeben,
jeden Abend den Tag loslassen.
Nur wer lernt loszulassen statt festzuhalten,
der kann frei leben,
glücklich und entspannt, ohne Angst.

Die Angst hat viele Gesichter:
Angst, verlassen zu werden und allein zu sein;
Angst zu versagen und zu verlieren;
Angst vor einer ungewissen Zukunft;
Angst vor Gewalt, Unglück, Krankheit.
Alle Angst im Leben geht letzten Endes zurück
auf die Angst vor dem Tod.
Weil der Mensch so fest am Leben hängt,
verursacht das Loslassen soviel Schmerz.
Loslassen lehrt besser und klarer sehen.
Um zu leben, mußt du sterben lernen.
Wer alles loslassen kann,
leidet unter dem Verlust von nichts.

Schau einmal die Wolken an, wie sie ziehen, flüchtige Gebilde, in denen deine Phantasie geheimnisvolle Ungetüme entdeckt. Schau auf das Kind, wie es malt. Seine Phantasie zaubert mit farbigen Stiften auf ein kleines Stück Papier eine ganze Welt. Schau auf den alten Mann, der eine Katze streichelt, auf die beiden Verliebten an der Bushaltestelle, auf das Baby, das im Kinderwagen schläft. Und du wirst entdecken, daß in allen Dingen mehr liegt, als man oberflächlich sieht, eine Erinnerung an das Paradies. In jedem Tag stecken Wunder, man kann sie gar nicht alle aufzählen. Wer sich an kleinen Dingen freuen kann, wohnt in einem Garten voller Seligkeit.

Freude an den kleinen Wundern:
Mit diesem Schlüssel kannst du
überall und allezeit
ein bißchen glücklich sein.

Komm zur Ruhe, geh in die Stille,
dring in ihr Geheimnis ein.
Hier erfährt dein Herz die Antworten,
die der Verstand nicht finden kann.
Hier wohnen die tiefen Freuden,
die vor lauter Umtrieb und Lärm
den Menschen verlorengingen.
Starre nicht länger wie besessen
auf die Arbeit, das Geschäft, das Geld.
Schau nicht soviel auf die anderen,
wenn dich das nur frustriert.
Schau nicht soviel in das Fernsehen,
wenn dich das nur deprimiert.
Entzieh dich dem Sog einer Welt
voller Sensation und Show,
die dir das Glück der Freiheit aussaugt.
Mach dich frei von ihren Fesseln.
Komm zurück zu einem einfachen Lebensstil.
Sag auch mal: Ich muß nicht alles haben.
Ich habe genug.

Bist du unglücklich, dann werden auch andere unglücklich. Meistens machst du dir zu viele Sorgen. Sicher gibt es manchmal allen Grund, traurig zu sein. Jemand, den du gern hast, erfährt ein schweres Leid, ist krank, wird vielleicht nie mehr gesund. Du leidest mit. Und mit Recht.

Aber etwas anderes ist es, wenn du dir das Leben wegen der täglichen kleinen Zwischenfälle versauerst. Wegen einem harten Wort, wegen einem Fleck auf dem Kleid oder einer Schramme am Auto, wegen einem Lob, das ausblieb, oder einem Vorwurf, der ungerecht war. Auch kleine Unglücksfälle können bitter sein. Aber mach sie nicht schlimmer, als sie wirklich sind. Das darfst du nicht. Sonst wächst nur die Verärgerung, und deine ganze Umgebung steht unter Druck.

Du darfst nicht unglücklich sein,
denn wenn du unglücklich bist,
kannst du keinen anderen glücklich machen.

Manche Menschen können niemals glücklich sein.
Für sie hängt das Glück an tausend Dingen,
und etwas fehlt ihnen immer.
Am Glück fehlt stets ein Stück.
Das ganze Leben lang halten sie Ausschau
nach Stücken, die nicht da sind.
Sie sind blind für die vielen anderen Teile,
mit denen sie glücklich sein könnten.
Sie sehen nur die dunklen Flecken.
Ihre Tage werden grau, auch wenn die Sonne scheint.

Um ein bißchen glücklich zu sein,
um ein bißchen Himmel auf Erden zu haben,
mußt du dich mit dem Leben versöhnen,
mit deinem eigenen Leben, wie es nun einmal ist.
Du mußt Frieden machen mit deinem Gesicht,
das du dir nicht ausgesucht hast,
mit deinem Leib, der nicht immer so will,
wie du gerne möchtest,
Frieden mit den Menschen um dich herum,
mit ihren Fehlern und Schwächen.

Schlechte Tage, du weißt, was das heißt.
Tage, an denen alles schiefgeht,
an denen du alles schwarzsiehst.
Und du denkst, daß es so bleiben wird.
Schlechte Tage dauern so lange.

Jeder Mensch hat schlechte Tage.
Was kann man da machen?
An schlechten Tagen hab Geduld,
auch viel Geduld mit dir selbst.
Aber heute muß alles so schnell gehen.
Alle Wünsche müssen sofort in Erfüllung gehen.
Mit einem Druck auf den Knopf.
Doch das Leben ist keine Maschine,
die nur gute Tage produziert.

Es gibt gute und schlechte Tage.
Gute Tage gehen vorbei, das weißt du,
und das findest du schrecklich.
Aber schlechte Tage gehen auch vorbei.
Warum denkst du nicht daran,
und warum tröstet dich das nicht?

Menschen gerne sehen: Das ist mein Hobby.
Für dieses Hobby lohnt es sich zu leben.

Menschen gerne sehen, das heißt:
die eigene Frau, den eigenen Mann gerne sehen;
den Vater, die Mutter gerne sehen;
die Nachbarin, den Kollegen, die Vorgesetzten,
die Verkäuferin, den Behinderten gerne sehen;
alle Menschen gerne sehen, mit denen man
zusammenkommt, zusammenarbeitet, zusammenlebt.

Menschen gerne sehen, das heißt:
ihnen ein freundliches Gesicht zeigen;
sie ansprechen, ihnen die Hand geben;
ihnen helfen, wo sie Hilfe brauchen;
ihnen beistehen in Stunden der Not.

Menschen gerne sehen, oft heißt das:
aus sich herausgehen,
über den eigenen Schatten springen,
vom hohen Roß heruntersteigen.

Manchmal ist es, als ob zwei Menschen in dir wohnen würden. Der eine, der alles gut macht und den du der Außenwelt zeigst, und der andere, für den du dich schämst. Es gibt so etwas wie einen Bruch in jedem Menschen. Jeder möchte gut leben und tut doch Dinge, die er selbst nicht begreift.

Warum ist das so? Weil ein Mensch kein Gott ist, kein Engel und kein Superwesen, sondern ein kleiner Pilger auf einem langen Weg. Die eigene Schwäche macht ihn verständnisvoll und sanft zu seinen Mitmenschen. Der Selbstgerechte wird hart und unfähig, sich in andere einzufühlen, sie zu trösten, ihnen Mut zu machen und zu verzeihen.

Glück und Freundschaft blühen,
wo Menschen sanft geworden sind,
sanft in ihren Worten
und sanft in ihrem Umgang miteinander.

Du weißt, wie arm und klein,
wie einsam Menschen sind,
wie empfindlich und verletzlich.
Du weißt, daß es Tränen gibt,
und keiner kann trösten.
Es gibt kaum größere Traurigkeit
als in einem Herzen, das keiner versteht.
Du weißt, daß für manche Menschen
das Leben eine unerträgliche Qual ist.

Sei sanft!
Geh auf die Menschen zu
mit einer zarten Hand,
denn Menschen sind zerbrechlich.
Verlasse die verschlossene Höhle
deiner Selbstzufriedenheit.
Sei nicht hart,
auch nicht hart in deinem Urteil.
Geh zu den Menschen,
die allein sind und die leiden.
Reiche ihnen das Brot deiner Güte.
Sei ihnen Zuflucht, Hafen, Oase.

Die Sonne am Himmel unseres gemeinsamen Lebens wird verdunkelt durch Wolken von Mißtrauen, durch den Nebel von Verdächtigung und Verstellung, durch die Nacht von Wut und Haß. Die Sonne in unserem Leben wird durch die Mauern blockiert, die wir errichtet haben, unsichtbare, unheimliche Mauern im Familienkreis, in der engsten Nachbarschaft.
So können wir andere Menschen nicht mehr sehen. Wir wollen nichts mehr von ihnen hören, nichts mehr von ihnen wissen.

Versöhnung: die einzige Hand,
die geduldig dunkle Wolken beiseite schiebt.
Versöhnung: das erste Licht am Morgen,
das die Nacht allmählich vertreibt.
Versöhnung: der Schlüssel,
der zugeschlagene Türen wieder öffnet.

Es ist nie zu spät, sich zu versöhnen,
denn es ist nie zu spät zu lieben,
und auch nie zu spät, glücklich zu sein.

Glücklich ist der Mensch,
der dem Glück nicht hinterherrennt
wie einem Falter,
sondern dankbar ist für alles,
was ihm gegeben wird.

Vielleicht suche ich das Glück
viel zu weit weg.
Es ist wie mit der Brille.
Ich sehe sie nicht.
Und dabei sitzt sie mir auf der Nase.
So nahe!

Wie können wir je glücklich werden,
wenn wir immer alles
von den anderen erwarten?
Gott hat jedem Menschen etwas gegeben,
womit er andere glücklich machen kann.

Mensch!
Du bist nicht gemacht,
um zu funktionieren, um zu produzieren
und um dich zu amüsieren.
Du bist gemacht, um Mensch zu sein.
Du bist geschaffen
für das Licht und die Freude,
um zu lachen und zu singen,
um glücklich zu leben, und um dazusein
für das Glück der Menschen um dich herum.

Mensch!
Du bist geschaffen nach dem Bild
eines Gottes, der Liebe ist,
der das Glück der Menschen will.
Geschaffen mit Händen, um zu geben,
mit einem Herzen, um zu lieben,
und mit zwei Armen,
die gerade so lang sind,
um einen anderen zu umarmen.

Habe ich das Recht, glücklich zu sein, wenn ich täglich mit soviel Unrecht und Unfrieden konfrontiert werde, mit soviel Elend unter den Menschen? Eine Frage, die mich nicht losläßt. Ich fühle mich jedesmal machtlos, wenn ich die grenzenlose Ohnmacht der Menschen erlebe, ein bißchen glücklich zu sein.

Mein tiefster Wunsch ist, Menschen glücklich zu machen. Aber ich weiß und habe es oft genug erlebt: Wenn ich selbst entmutigt und enttäuscht dasitze, wenn auch bei mir alle Lichter ausgehen, kann ich keinem Menschen mehr helfen. Ich will glücklich sein, um andere glücklich zu machen. Das Glück, das mir fehlt, ist das Glück der anderen.

Gott sagt: Wenn ich die Menschen
glücklich sehe, bin ich am Ziel.
Der Sinn meiner Schöpfung ist
das Glück der Menschen.
Und glückliche Menschen brauche ich,
um andere glücklich zu machen.

Das Heimweh nach dem verlorenen Paradies
ist dem Menschen ins Herz geschrieben.
Das Paradies wird wiederkommen,
damit die Menschen wieder glücklich werden.
Alles Glück hängt zusammen
mit Lieben und Geliebtwerden.

An einem schönen Frühlingsmorgen
stand ich im Garten, in meinem Kräutergarten.
Die Luft, die milde Sonne. Der neue Tag.
Ich fühlte: Das Wunder umgab mich.
Es durchströmte mich Dankbarkeit
über das Leben, über alles Leben.
Ich sah die ersten Krokusse, und ich wußte:
Gott streckt mir seine Hände entgegen,
Hände voller Blumen.
Überall war Leben. Leben in der Luft.
Leben in der Erde. Ich dachte:
Der Ort, auf dem du stehst, ist heilig.
Das Paradies ist hier in der Nähe.

In der Reihe „Sonnenstrahlen" von Phil Bosmans sind im Verlag Herder außerdem erschienen:

Phil Bosmans/Florian Werner · Sonnenstrahlen der Freude. ISBN 3-451-26076-X
Phil Bosmans/Florian Werner · Sonnenstrahlen der Freundschaft. ISBN 3-451-26316-5
Phil Bosmans/Florian Werner · Sonnenstrahlen des Herzens. ISBN 3-451-26079-4
Phil Bosmans/Werner Richner · Sonnenstrahlen der Hoffnung. ISBN 3-451-26078-6
Phil Bosmans/Werner Richner · Sonnenstrahlen ins Leben. ISBN 3-451-26447-1
Phil Bosmans/Florian Werner · Sonnenstrahlen der Liebe. ISBN 3-451-26315-7
Phil Bosmans/Werner Richner · Sonnenstrahlen der Schöpfung. ISBN 3-451-26446-3

Weitere erfolgreiche Titel von Phil Bosmans bei Herder:

Phil Bosmans/Werner Richner · Applaus für das Leben.
Das große vierfarbige Geschenkbuch. 3. Auflage 1997. ISBN 3-451-23635-4

Phil Bosmans/Hermann Steigert · Zum Glück zu zweit.
Vitamine für Verheiratete und für alle, die gemeinsam durchs Leben gehen.
5. Auflage 1997. ISBN 3-451-23314-2

Phil Bosmans · Worte zum Menschsein.
17. Auflage 1997. ISBN 3-451-21787-2

Übertragung ins Deutsche,
Auswahl aus den Schriften von Phil Bosmans
und autorisierte Bearbeitung:
Ulrich Schütz

6. Auflage 1999

Einbandgestaltung: Hermann Bausch
Reproduktionen: RETE GmbH, Freiburg
Herstellung: L.E.G.O. Olivotto S.p.A., Vicenza 1999
ISBN 3-451-26077-8

„Bund ohne Namen" –
die große, von Phil Bosmans gegründete Bewegung für ein Leben mit Herz und eine Kultur der Liebe in unserer Welt.
Wenden Sie sich für nähere Informationen an die deutsche Kontaktadresse:

Bund ohne Namen e.V., Postfach 154, 79001 Freiburg